POEMS
MAANSOOYIN

Caasha Lul Mohamud Yusuf

POEMS
MAANSOOYIN

poetry translation centre

First published in 2012
by The Poetry Translation Centre Ltd
PO Box 61051
London SE16 4YY

www.poetrytranslation.org

Poems © Caasha Lul Mohamud Yusuf, 2012

Translations from the Somali © Clare Pollard,
Maxamed Xasan 'Alto' and Said Jama Hussein
Introduction © Sarah Maguire

ISBN: 978-0-9560576-6-2

The Poetry Translation Centre gratefully acknowledges the
financial support of Arts Council England.

British Library Cataloguing-in-Publication Data.
A catalogue record for this book is available from the British Library.

Designed in Albertina by Libanus Press
Printed in the UK by Imprint Digital

Contents

Introduction	7
The Sea-Migrations	11
Disorientation	17
Taste	23
Recollection	27

Introduction

Caasha Lul Mohamud Yusuf is fast emerging as one of the most outstanding Somali poets. Although she has lived in exile in Britain for twenty years, through recordings, TV and the internet, her poems are becoming well-known among Somalis both at home and abroad: a YouTube video of her on a Somali TV programme has attracted 50,000 viewers, a remarkable achievement for a young woman poet living in the diaspora.

Somali poems have designs on their readers: they want to persuade you of an argument, or reveal the world from a fresh perspective. They do this not only through the logic of their reasoning, but also through their demonstration of technical brilliance. Caasha's popularity stems in no small part from the distinction of her formal mastery. It is not just what she says that has made her so popular, but how she says it. As Martin Orwin, Senior Lecturer in Somali at SOAS says, 'Caasha's technique is excellent. She makes poems in a variety of genres, including the most prestigious *gabay* form, and she constructs her poems in a very 'classical' fashion, using a proper *arar* (the opening lines that introduce the poem) which is reminiscent of great *gabays* of the past. Her imagery and metaphor draw on the riches of the Somali poetic practice, but in a contemporary manner, which makes her poems more accessible to a modern audience.'

Caasha's powerful poem, 'The Sea-Migrations', is a *gabay*. English-speakers, unable to appreciate the rich complexities of the original, will immediately grasp from Clare Pollard's fine translation, its crucial formal component: alliteration. The opening line makes clear both the poet's method and her intention,

'Declaiming this poem, a *gabay*, I alliterate in D to start debate'; and in the final line of the stanza, her argument and aim, 'Sea-migration disables my people, I want to drive it back'. Caasha's poems all passionately engage with the plight of her people. As she writes in this poem, she's moved to make her poems because,

> I can't endure what's happening, it's like I feel the damage,
> my body jerks, distressed, every time I see them desolate,
> tears stream down my face, I chew blood from my lips.

In exile as a result of the cruelties of the Somali civil war, Caasha is never a disinterested observer. Her poems resonate so powerfully with Somalis because she has shared in their sufferings, as her heart-breaking poems so clearly reveal.

Although women have always made poems in Somali, there is still some prejudice against them for doing so. Even though they've received praise and recognition from women and some enlightened men, Somali women poets face particular difficulties in what is traditionally a very patriarchal society in which women are sometimes treated extremely harshly. What is especially notable is how Caasha so clearly identifies herself as a woman poet, most powerfully in her poem, 'Recollection'. Here, she unflinchingly berates feckless Somali men who sit around chewing *khat* all day, 'idling in grim flats strewn with litter', whose rank irresponsibility and selfishness leads to untold suffering by their abused and abandoned wives. In a memorable phrase, Caasha describes such a woman as

> … a bustard, caught in grinding groaning rain,
> always on guard while others rest,
> numbly enduring until a new day glares.

'Taste', a poem urging women to listen to their own feelings and not be fooled by men who 'dazzle your eyes and make desire rear up', ends with the line, 'You cannot go against your own heart'. It is Caasha's remarkable courage, her determination to 'follow her own heart' whatever the cost, that has made her into such a vital poet of extraordinary power and insight.

SARAH MAGUIRE

TAHRIIB

Da'da gabayga dabuubtiyo murtida, doodda hadalkayga;
Waxaan uga danleeyahay inaan, danaha sheegaaye
Dadweynow waxaan doonayaa, inan dadaalaaye
Dulmigan dhacaayaan rabaa, inaan dillaacshaaye
Tahriibtaa dadkeennii rogtaan, deyr ku xidhayaaye.

U dulqaadan kariwaayay oo, waan damqanayaaye
Jidhkaa iga dubaaxiya markaan, dib u jalleecaayo
Inta aan ilmada daadiyaan, dibinta ruugaaye.

Afrikaa dhib deris looga dhigay, daayin abidkoode
Soomaaliduna ka daran oo way, ugu dambeeysaaye
Qalbigaa intuu daxal ka galay, daamur wada yeeshey
Dareenkii waddanigaa lumoo, waa dad baabba'aye
Damiirkii waxaa garanayaan, digigixoonayne
Dabin laysu dhigay weeye oo, duul kalaa xidhaye
Diiwaanka waxaa noogu qoran, doorkii Falastiine
Ma daneeye aan diirran baa, dooxay shacabkiiye
Dillaal iyo mallaal baa midiba, dacalka haystaaye.

Haddii laga dareeroo dalkii, doonni laga raacay
Deebaaq qadhaadh iyo hadduu, dacar inoo yeeshey
Dullin iyo abaar iyo hadduu, diirato horseeddey
Daad laga ordaayiyo hadduu, degel madow yeeshey
Duufaan kacaysiyo haddii, duumo laga qaaday
Duqaydiyo carruurtii hadday, dibed u soo yaacday.

THE SEA-MIGRATIONS

Declaiming this poem, a *Gabay*, I alliterate in D to start debate,
to disseminate, to disclose to you: the public.
Hey, you – be diligent! I'm trying though it's difficult
to destroy the injustice, demolish the status quo.
Sea-migration disables my people, I want to drive it back.

I can't endure what's happening, it's like I feel the damage,
my body jerks, distressed, every time I see them desolate,
tears stream down my face, I chew blood from my lips.

All Africa has dilemmas, there are always disputes
but in this distressed continent, Somalis sink down to the bottom.
Their hearts only detest, they have rusted and deadened.
Love for their country's disappeared, they self- destruct.
The conscience has departed, the compassion is mislaid
in a trap laid by others; they act despite their interests.
Acts seem pre-determined; we're destined to be like Palestine.
People don't give a damn, civilian deaths hold no interest.
The dealer and middleman draw the deadly game out.

If people abandon their homes and decamp by boat,
debilitated by hurt, the unjust discrimination,
unable to stand delay in the country of their descent;
if thugs dispossess and murder, and there's disaster and drought;
if dust-storms blow, dispersing infection and plague;
if children make a dash, the elderly decide to go -

Dalka yaa u hadhi tolow markaa, waa dareen yimiye?
Waa xaajo duudduuban iyo, sheeko duluc dheere
Da'yartaa dhammaatiyo waxa, dumar idlaanaaya
Diricyada tahriibaaya ee, dabargo'aa taagan
Diihaalka gaajada kuwaa, dibed wareegaaya
Badahay dul-heehaabayaan, damalladeenniiye.

Diibkiyo yaxaaskaa cunoo, daaqay lafahooda
Dugaaggiyo waraabaa daldala, darib sideediiye
Duleedkaa la soo wada wadhiyo, dacalka xeebaaye
Iyagoo dubkiyo diirku baxay, baa la daawadaye
Waa kuwaa darxumo le'day een, duugan kari waynnay.

Damac baa dadkaygii galoo, waa dawamayaane
Dayow baynnu noqonnay iyo ways, dabammaryaynaaye
Dib-u-socod ayaan wada nihiyo, dawlad jaahil ahe
Dawarsiga ku naaxdaan nihiyo, doonis ruux kale
Diif aan dhammaanaynnin baa, loogu dawggalaye.

Afartaa intaan dabar ka furay, diirad ma ku eegey
Darajada Ilaah baa baxshee, mawga furay daaha,
Doorkaa abwaannadu horey, uga daliilsheene
Deelleeyda maansada horey, uga daqiiqsheene,
Aniguna ka dabaggeeyey oo, waan ku darayaaye
Waanadu kuway deeqdo ee, raacda danahooda
Iyo kuwa dariiqii wacnaa, diinta ku ekaada,
Daayinow Ilaahow ka yeel, dabargo' weeyaane!

then my people, I demand: who'll stay behind in our country?
Interesting question I've asked, isn't it? A matter to consider.
Look at the hoards of women, all the young who drown,
disappearing onto ships, dissolving on the crossing,
all those deprived of life's basics, adrift outside their country:
our future floats bloated in sea, is a corpse dragged on sand.

They are devoured, picked dry by sharks and sea creatures,
wild dogs eat them like *darib*, the best camel fat,
and many dead bodies lie decaying on our shores
defiled by strangers' eyes, skin peeled off their carcasses,
their lives end in distress, and there will be no decent burial.

My people are dull with greed, they get-rich-or-die-trying.
We are filled with bewilderment, disordered and backbiting.
A state that can't read, a reactionary herd,
we only do well at begging, pleading for dollars and food.
We are snared in a cycle, in endless poverty …

Declaiming these lines, I am undoing the camel's hobble,
Allah has raised me here, so I can draw open the curtains.
Decades ago, poets first stated the truth of this debate:
they devised a chain of poems, which we called the *Deelley*.
And I've drafted this poem, and I add it to the chain:
let us use words as a prayer, let the advice be followed.
Let us tread Allah's path, devote ourselves to his order.
Oh, deathless Allah! Change us before we are destroyed!

Waxba gabaygu yuu ila durkine, waan dabrahayaaye;
Haddii dalagga aan beerannoo, doogga la abqaalo
Nimcadaa inoo dararaysan iyo, badaha duudduban
Buurahan Ilaah noo dejee, godol la soo daatay
Baadroolka diliq laynayee, dixaya hoostooda
Macdantaa dingiigtiyo haddaan, dahab ka soo saarno
Duunyada haddaan dhaqannoo, doobi laga buuxsho
Duruusta iyo cilmiga lays baroo, diinta la adkeeyo
Dalku wayna wada deeqi laa, aynnu dib u joogno
Daaquudka aan naarno iyo, ducufka shayddaanka
Khayraadku waa dihinyahee, aan dibnaha saarno.

Let me not drag out my poem, but deliver an ending:
if we cultivate our land, if we dig in our crops,
if we discern our natural wealth, and the rich, deep ocean,
the mountains Allah has made for us, ready to be mined,
the fossil fuel that drips in the dark underground,
the mineral deposits, the reserves of gold,
the domestic animals, milked to fill milk-jugs,
if we develop our people, in knowledge and faith,
the country has abundance, let us return and reside.
Let us purge demons, dispose of devils and their deeds -
we have not used our resources, let's do it now.

JAHAWAREER

Wiilkaan jeclaayee
Jamaal Eebbe siiyiyo
Jawhara-la-moodkii,
Dhankuu iga jiraa, tolow?

Jeedaalo deydeyey
Jalleecada indhuu tabe
Jahawareerka igu dhacay
Jaha kasta ka eegee,
Dhankuu iga jiraa, tolow?

Intuu jiifo aadmigu
Hurdo wayga jarantahay,
Jabaqdii dhaqaaqdaba
Waan juuq dhegeystaa.

Jalka iyo biyaha iyo
Uma jeesto oontoo
Waan jidiinqallalayoo
Jaynafkaa dibnaha iyo
Jiilku waygu go'an yahay.

Immisuu jir da'ay iyo
Dhibic jawda haysiyo
Jibin roobku tuuriyo
Daad soo jaguugliyo
Jirridda-gooye ila tegey.

DISORIENTATION

The boy that I love
was made handsome by God;
fine as a jewel.
My people, where is he?

I'm looking intently,
eyes fumbling -
confused -
conjuring him everywhere.
My people, where is he?

Whilst others sleep,
I'm sick with not-sleeping,
each faint, muddled voice
makes me strain to hear.

Nothing will nourish -
I don't eat or drink.
My throat's dry,
my lips crack,
a gag's in my mouth.

How many times has rain drenched me?
Drops pummel my skin,
then the storm's deep boom;
floods approach -
their ferocity sweeps me away like a stem.

Intaan jiidhey buuraa
Ama jeexey kaymaa,
Waxa aan jid dheer maray
Ama gebiyo ila jabay,
Joog ima tidhaahdee
Naftu igu jujuubtoon
Jar ka duulay awgaa.

Intaan jeerin qodax liyo
Jiic iyo maraag iyo
Bilcil jeenyo dheer iyo
Jillabka iyo marabboob
Sogsog jiitey awgaa.

Jilbiska iyo halaqiyo
Jebis iyo mas duubnaa
Jeefaaf abeeso leh
Inta aan ku joogsaday
Ee jiidhay badanaa.

Naf jacayl wareemoo
Dhuuxa uu jejebiyoo
Jeegada u taalloo
Jamanaysa muuqaa
Jabka iyo halaaggaa
Uma jeedo, gacalow!

Jamaal, awdaa baan
Jooflaha libaaxoo
Jiriqsanaaya micidoo
Intuu Jaawo geel heley
Kala jaray halbowlaa.

How many times must I climb the mountain?
Wrestle through jungle,
trek endless paths
or tumble down their steep slopes.
My soul doesn't stay *stop*,
it forces me on.
I heave myself onto the ledge for you.

How many times have the sticky trees,
the thorns, the acacia,
the *bilcil's* rough limbs
the shrubs, clingy weeds
the *sog-sog* dragged me away?

The venomous black snakes,
the pythons, coiled vipers,
the startled, slippery *abeeso*,
how many times have I stepped over them?
How many times must I outrun them?

I've wounded myself with love -
I've snapped bones, they leak marrow,
I'm flat on my back.
And this self-destruction,
these difficulties
mean nothing, my dear.

Because of your love, Jamaal,
the male lion, maned,
creaking his fangs,
has caught a she-camel
and severed its artery.

Isagoo jiriidkiyo
Jeenyaha isdhafshoo
Juruqsanaaya dhiiggaan
Jabada kula negaado
Jaahiisa u eegoo
Ula jaaray awgaa.

Jiliflow maroodigu
Markuu jiido gacankee
Dhirta uu jibaaxee
Laamaha jejebiyana,
Naftu kama jidh-diiddoo
Kama jixinjixootoo
Jidhiidhico ma qabatoo,
Jamaal aawadaa baan
Jabada kula negaadoo
Jaahiisa u eegoo
Ula jaaray awgaa.

Waxse aan jabkaas iyo
Jirrabkaa u marayaa
Jacaylkaaga weeyee,
Dhankuu iga jiraa, tolow!

With his jaw,
leaning forward,
he laps up the blood.
I keep near this creature.
It is my neighbour.
I'll stay here now, because of you.

The elephant with its tough hide
rears its trunk,
whips trees aside,
destroying the forest.
I don't mind this either.
I don't feel compassion.
I don't get gooseflesh.
Because of your love, Jamaal,
I stay with beasts now.
They are my neighbours.
I belong here, because of you.

All this hardship I endure,
all this wasteful pain,
it's because I love you.
My people, where is he?

DOOKH

Haddaanad gabayga deelqaafka iyo, dari ka saaraynnin
Dalabtiyo haddaan laga midh tirin, diniqa aan muuqan
Meeshii dahsoonayd haddaan, lagu daqiiqeeynnin
Doogtiyo haddaan lagu lafgurin, dakharradii raagay
Darar lagama maaloo tixuu, dufan ma yeeshaane,
Aan dareersho caawoo kalaan, daribta saafaaye.

Inkastuu darmaan quruxsan iyo, daaddax ugu yeedho
Ama uu ammaan deexdo oo, 'dawlo!' ku yidhaahdo
Hadal dhegaha deeqaaya oo, dabacsan oo fiican
Dun xariir ah iyo shaal hadduu, dahab ku saarsaaro
Daraandaryo araggaaga hooy, damacu waa yaabe,
Oo aanu dookhaaga noqon, waa dariiq xidhane.

Hadduu daaro waaweyn dhisoo, dabaqyo kuu jeexo
Dal dhan oo muraayad ah dhammaan, adiga kuu deyro
Sancadaw dambeeysiyo hadduu, dalabka kuu keeno
Naftu waxay yara doonayso uu, deregga soo saaro,
Oo aanu dookhaaga noqon, waa dariiq xidhane.

Inkastoo adduun door ah iyo, duunyo lagu sheego
Inkastuu dulqaad badan yahoo, deeqsi lagu sheego
Duub iyo malaaq uu yahoo, dooje lagu sheego
Digriiga iyo maastariga iyo, derejo weyn haysto
Digriigyo Quraankiyo hadduu, diinta yahay xaafid,
Oo aanu dookhaaga noqon, waa dariiq xidhane.

TASTE

If this poem isn't free of flaws or clunkiness,
if it contains disharmony or defects,
if it doesn't illuminate what's hidden
and isn't used to staunch old injuries,
its verses won't nourish, are a withered breast.
Let me recite this with spirit. It's night; it's time.

Though he may call you fair names, a 'lovely mare',
and praise you up onto a pedestal, all-powerful,
and slip soothing words in your ear, sweet to hear,
spoil you with silken dresses, robe you in gold,
dazzle your eyes and make desire rear up,
if he's not to your taste, he's just a blocked path.

Though he may place you in a skyscraper
and fill your world with glass
or fashion, or your demands,
arriving at your door with every whim,
if he's not to your taste, he's just a blocked path.

Though he's said to be wealthy, with a portfolio of property,
and is known for his patience and generosity
and like a tribal chief, is spoken of with honour,
and has his Master's degree and letters after his name,
and well-versed in the holy, knows the Quran's words,
if he's not to your taste, he's just a blocked path.

Inkastuu dillaacshoo qalbiga, daabac ku xardhaayo
Xididdada dil-dilayee wadnuhu, dirayo dhiiggooda
Dahriga iyo laabtaba ku dhigo, Deeqa magacaaga
Diiwaankii Cilmoo kale galoo, deli ka laallaado
Suugaanta duugga ah murtida, damashi kuu qaado
Daaweeynta heesaha intaa, daram garaacayo,
Oo aanu dookhaaga noqon, waa dariiq xidhane.

Haddii uu dalxiis kuugu diro, dunida guudkeeda
Diyaarado hawada sarena aad, kula damaanshaaddo
Durdur iyo hadduu kugu dul furo, ilo dareeraaya
Deeradiyo cawshiyo ugaadh, quruxda daa'uuska
Doog iyo cagaar soo ifbaxay, darinta kuu daadsho
Ama Daallo oo roobku heley, Dalawa kuu maalo
Oo doobi kuu buuxiyoo, kuna daryeelaaayo
Dayrtiyo Gugaba kuu da'oo, adiga kuu deexdo
Daruur hoortay uu kuu noqdiyo, malakba doocanka,
Oo aanu dookhaaga noqon, waa dariiq xidhane.

Inkastuu darwiish adag yahiyo, geesi diriraayo
Dirica iyo wiil hoog yahoo, degello naafeeyo
Dumukha iyo qorigaba ridoo, diiradda u saaro
Halka lagu dagaalamo hadduu, doorar ka ciyaaro
Ama u daqiiqaaya oo uu, duubiyada gooyo,
Oo aanu dookhaaga noqon, waa dariiq xidhane.

Xeedhyo duuban oo duqus leh oo, geedo lagu daadshay
Hilbo duban kuwii diirranaa, qaar dux lagu shiilay
Daboolkiyo lingaxa lagu xidhood, uumi lagu daaro
Ubbadii dahaadhnayd haddii, diiqo lagu siiyo
Haddaan milix yar lagu daadinayn, kaama daadego'e,
Dookhana sidaasoo kalaan, loo dirqiyahayne
Damiirkaagu meeshaanu rabin, dooni kari maysid.

No matter that he wears his heart on his chest
and shows you the blood's beat in his veins
and prints your name on his skin
and writes love poems like Cilmi, from the edge,
and sings enchanted ancient lyrics full of wisdom,
pounding drums for your healing songs,
if he's not to your taste, he's just a blocked path.

Though he takes you on a tour around the world
and wants you by him on the plane,
and shows you fountains and pulsing streams
in places teeming with deer, antelope, peacock,
and lays carpets for you on lush low grass
and takes you to stunning Daallo just after rain
and gives you bowls of camel-milk, wanting your comfort,
wanting to look after you through spring and autumn,
conjuring rainclouds and Yemeni honey,
if he's not to your taste, he's just a blocked path.

Though he might be a sacred Dervish, a fighter for God,
a fearless young man who can destroy dark forces,
skilful with guns, never missing his target,
commended for bravery in battle,
who crushes his enemies and tears up their bodies,
if he's not to your taste, he's just a blocked path.

You might be treated to a bowl of spiced food,
barbecued meats and meats cooked with fat
steamed to perfection underneath a tight lid,
or a ghee pot with its beautifully crafted case,
but if there's no salt to season, you won't eat with relish.
Taste cannot be won by compulsion.
You cannot go against your own heart.

GOCASHO

Nimaankaa naftoodii gabaye wada galiilyaysan
Nimankaa naftoodii gubee wada gawaamaaya
Nimankaan garsooriyo lahayn garasho wayeelba,

Ganboor iyo waxay daaqayaan geed Ilaah nacaye
Gawaan iyo waxay yuururaan guri xashiish weyne
Goolaftankaa kaaga daran geesiyo is moodka
Galladi waata Eebbee markuu gabay masuulkiiba
Gabadhiyo carruurtii markuu gooyey ehelkiiba
Ee uu gasiinkii ka jaray guri xanaankiiba.

Ee gacalo waa hooyo ee gubatay tiiraanyo,
Labadeeda geesood markuu gaalku kala jiitay
Gidigii haneenkii waxay gawdh la ledi wayday
Gurmad iyo markii aanay hayn aabbe garab taagan
Ee iniba gees aaddey ee talo ku gawdhiidhay
Gabbal dhaciyo waagii beryaba gocasho ooyayaso
Inta ay gacamaa hoorsatay Guule baridaaye

Iskuullada markay geyso bay gur u dhaqadaye
Guntigay u xidhataa ilayn hawshii uu gabaye
Gasiin iyo waxay raadisaa shoping-kii go'aye
Gaadhi bay ka soo buuxisaa gurigii keentaye

Iyadoo harraad gawracan oo gaajo socon waydey
Ayay dheri gangaantaa haddana gaar u karisaye
Galabnimo markay gaadho ee wakhtigu gaabto
Gucla orod ma daysee haddana ubadkii goobtaaye
Sida goodirkiyo cawsha bay gooni socotaaye
Galabtii ayuun bay baxan gabannadii qaare,

RECOLLECTION

These men let themselves down, bask in their guilt,
harm themselves then start griping;
they've let judgement and tradition go.

Gums busy with *khat*, like the poisonous Ganboor plant,
idling in grim flats strewn with litter,
gloating about unreal gallantry,
this man fails to know gifts bring responsibility -
he's given up his wife and his family,
stopped being the one who gets food and necessities.

As a genuine mother she suffers agonies,
her family torn by the godless, split by social services,
unable to sleep, goaded by worries,
expecting no guidance, no partner by her side,
she feels so shattered and gripped by thoughts
and bad memories, she grieves until dawn
and raises her arms, prays for Allah's goodwill.

After the school-run, a gruelling list of tasks -
grappling with his duties too, which he's neglected.
She goes shopping, her cupboards gravely empty,
gets back in her car with just the essentials.

There is always gaping hunger; some days she can't walk.
She struggles to find a pan or grill some food
and when late afternoon grimly darkens
she must gather her children home,
like the kudu or gazelle she roams alone.
She can't stop some of her young ones going out -

Sida galawga iyo fiinta oo uu gudgude haysto
Inta uu nafluhu gama'san yahay gaadh ayay tahaye
Gaaf wareeg ayuu ugu baryaa waagu galacdiiye

Waxba gabaygu yuu ila gudbine waxan ku soo gaabshay
Hooyada guhaaddaa qabteen laga garaabaynin
Hooyada raggeedii gabaye gaabagebaw taagan
Guullaha Ilaahow adaa garan wax meel yaalle
Adigaa gartaa goynayoo gooni kuu tahaye
Adigaa garsoor taama iyo gaadh-hayow u diriye

Mar haddaanan gumuc iyo rasaas kugu garayanin
Ama geed qudhaanjo leh tolkaa kugu gigsiinaynin
Waa inoo godkii Aakhiriyo Golihii Waaynaa dheh!!!!

she is a bustard, caught in grinding groaning rain,
always on guard while others rest,
numbly enduring until a new day glares.

Such gloom could lead me astray. Instead I'll conclude:
struggling mother who gets no gratitude,
mother with no male guardians,
only Gracious God knows our fate.
He alone can judge this generation -
justice is whatever he wants, and whatever we get.

I cannot order these men gunned down as they deserve
or that their relatives gird them to an ant-infested tree.
I am resigned to wait for that glorious, final day.